LA

FÊTE DU CHÂTEAU,

BOUQUET EN VAUDEVILLES.

LA

FÊTE DU CHÂTEAU,

BOUQUET EN VAUDEVILLES,

Par M. DE CHAZET;

COMPOSÉ par ordre de SA MAJESTÉ L'EMPEREUR ET ROI, et représenté sur le Théâtre impérial de Saint-Cloud, le 26 Août 1810, à l'occasion de la Fête de SA MAJESTÉ L'IMPÉRATRICE.

A PARIS,

DE L'IMPRIMERIE IMPÉRIALE.

1810.

PERSONNAGES.	*ACTEURS.*
M. DE VALMONT, propriétaire...	M. ELLEVIOU, du Théâtre Feydeau.
M.me DE VALMONT..........	M.me DACOSTA, Élève du Conservatoire.
FACTOTUM, leur intendant.....	M. HIPPOLYTE, du Théâtre du Vaudeville.
BENJAMIN, fils de Factotum.....	M. BAPTISTE cadet, du Théâtre Français.
LOUISE, Française...........	M.me GAVAUDAN, du Théâtre Feydeau.
LUIGIA, Italienne............	M.me FESTA, du Théâtre Bouffon.
LOUISA, Allemande...........	M.lle MARS, du Théâtre Français.

VILLAGEOIS ET VILLAGEOISES.

La Scène se passe au château de M. DE VALMONT.

LA
FÊTE DU CHÂTEAU,
BOUQUET EN VAUDEVILLES.

SCÈNE PREMIÈRE.

M.me DE VALMONT, BENJAMIN.

M.me DE VALMONT.

EH BIEN, Benjamin, tout est-il prêt ?

BENJAMIN.

Oui, Madame. Quand...... quand je dis prêt...... c'est près d'être prêt.

M.me DE VALMONT.

Mais je ne vois encore ni les guirlandes, ni les chiffres,

BENJAMIN.

Ce n'est pas ma faute ; je me suis fait ré..... je me suis fait réveiller de bien bon matin.

M.me DE VALMONT.

C'était pour moi la précaution inutile; le nom de Louise m'a rappelé que c'était une fête générale, et j'ai passé la nuit à combiner le plan de la mienne : en fait de bonheur, on ne peut jamais s'y prendre trop tôt.

BENJAMIN.

C'est ce qui fait que je travaille depuis huit jours à mon im.... mon impromptu.

M.me DE VALMONT.

Je serais curieuse de voir les productions de M. Benjamin.

BENJAMIN.

Oh ! ce n'est pas malin.

M.me DE VALMONT.

Vous permettez ?

BENJAMIN.

Co.... comment ; sûrement.... vous êtes la maîtresse.

M.me DE VALMONT *lisant.*

Pour chanter un aussi grand jour,
Quand tous les cœurs se réunissent,
Ainsi qu'un autre, j'ai le droit
De vous peindre ici tout mon zèle.

C'est très-bien rimé.

BENJAMIN.

Mais, madame, c'est un... c'est un... couplet.

M.me DE VALMONT.

Oui ? il est juste d'entendre l'auteur.

BENJAMIN *reprenant les vers, et chantant.*

AIR : *Femmes voulez-vous éprouver ?*

Pour chanter un aussi grand jour,
Quand tous les cœurs se réunissent,
Ainsi qu'un autre, j'ai le droit
De vous peindre ici tout mon zèle :
Sans peine, sur ce sujet-là,
J'écrirais un volume énorme ;
Les vers ne coûtent jamais rien,
Quand c'est l'amour qui tient la plume.

Mme DE VALMONT.

Oui, je crois que ceux-là ne doivent pas coûter grand chose.

BENJAMIN.

J'en ferais cent co. . . co. . . comme ça en une heure.

Mme DE VALMONT.

Tu es fait pour illustrer le village d'Auteuil.

BENJAMIN.

Il peut vous le dire, car le voilà.

SCÈNE II.

LES MÊMES, FACTOTUM, LE VILLAGE.

CHŒUR.

ALLONS, gai, pour Louise,
Que chacun travaille en ce jour ;
Adoptons pour devise,
Le respect, le zèle et l'amour.

UN VILLAGEOIS.

La fête d'un' rein' si bonne,
Est not' bouquet l' plus joli !
Ce qu'à la France elle donne,
Nous le lui rendons ici.
Allons, gai, &c.

UN AUTRE VILLAGEOIS.

Si nos fleurs fur' consommées
L' jour d'un hymen plein d'appas,
Les fleurs sont accoutumées
A renaître sous ses pas.
Allons, gai, &c.

M.me DE VALMONT.

Bien, mes enfans, bien ; je suis contente de vous.

FACTOTUM.

Je vous réponds, M.me, que tout le monde a travaillé;... ça m'a donné bien de la peine.

BENJAMIN.

Oh! mon pè..... père est si vif!.....

FACTOTUM.

Ils s'adressaient tous à moi; l'un me tirait par mon habit, l'autre me faisait des signes. M. Factotum par-ci, M. Factotum par-là...

AIR: *De la cinquième édition.*

En fêtant un objet charmant,
Chacun voulait choisir d'avance
Un tribut pour le sentiment,
Ou bien pour la reconnaissance:
Un autre pour chaque agrément
Voulait une fleur qui sût plaire;
Moi, je leur ai dit prudemment:
Il faut prendre tout le parterre.

M.me DE VALMONT.

Vous avez bien fait; les fleurs reviennent tous les jours, et cette fête-là ne revient qu'une fois par an.

BENJAMIN.

Oui! c'est in..... c'est injuste.

Mme DE VALMONT.

Il reste encore des dispositions à faire dans l'intérieur du château, suivez-moi, et montrez toujours le même zèle.

FACTOTUM.

Je leur ai dit qu'ils seraient récompensés.

Mme DE VALMONT.

Vous ne les avez pas trompés, puisque je les emmène tous.

Ils sortent en reprenant le chœur du commencement :

Allons gai, pour Louise, &c.

SCÈNE III.

BENJAMIN, FACTOTUM.

BENJAMIN.

A présent, pa..... parlons un peu tous deux.

FACTOTUM.

Oh! vraiment, oui, j'ai bien le temps.

AIR : *Voyage qui voudra.*

De toi, je ne veux rien apprendre;
Non, non, je ne puis m'y prêter :
Quand je ne sais auquel entendre,
Crois-tu donc te faire écouter!
  Songe qu'on doit m'attendre,
  Songe que l'on doit prendre
  Mes ordres pour que tout
    Prouve mon goût.
J'ai des tapis à faire étendre,
Des tonneaux à faire percer,
    Tables à dresser,
    Orchestre à placer;
  Puis dans les bosquets,
  Il faut des quinquets;

Il faut dans la cour
Plus d'un gros tambour;
Ainsi donc, ma foi,
J'ai raison, je croi,

En disant que les tapis, les bosquets, les quinquets, les tambours, les tables, l'orchestre et les tonneaux,

Tout roule *(bis)*, tout roule ici sur moi.

BENJAMIN.

Oh! quelle cor...... quelle corvée vous avez là!

FACTOTUM.

Il y a de quoi perdre la tête!

BENJAMIN.

Oh! c'est peu...... c'est peu de chose; di...... dites-moi toujours.....

FACTOTUM.

Que veux-tu que je te dise?

BENJAMIN.

Ce que Mme de Valmont fera aujourd'hui.

FACTOTUM.

Mais, ne le sais-tu pas aussi-bien que moi? Mme de

Valmont, voulant célébrer un aussi beau jour, a promis que la jeune personne habitante de ce village, qui s'appellerait Louise, et qui posséderait un des talens de notre Souveraine, recevrait une dot de sa main.

BENJAMIN.

Je sa....... savais cela ; je me suis informé dans tout le village : il n'y a que l'or......

FACTOTUM.

Comment Laure ! c'est Louise......

BENJAMIN.

L'or...l'orpheline française qui peint si bien !

FACTOTUM.

Elle est charmante !

BENJAMIN.

A qui...qui le dites-vous.

AIR : *On compterait les diamans.*

D'elle je suis très-amoureux,
Et cet objet vraiment céleste,
A mon cœur borne tous ses vœux.

FACTOTUM.

Oui, je sais qu'elle est très-modeste.

BENJAMIN.

Parmi tous mes rivaux, je croi,
Cette beauté sensible et bonne
N'a rien trouvé de mieux que moi.

FACTOTUM.

Je sais qu'elle ne voit personne.

BENJAMIN.

Il y a aussi deux jeunes fi. . .filles dans ce village; mais elles sont étran. . .étrangères; ça. . .ça ne doit pas compter.

FACTOTUM.

Tout compte; et je vois bien qu'il faudra que je vérifie cela moi-même; je suis chargé du rapport.

BENJAMIN.

Dites donc, pa. . .papa, est-ce que vous n'avez rien fait? vous. . .vous avez tant de ta. . .de talent pour la mécanique.

FACTOTUM.

C'est mon secret.

BENJAMIN.

Tout le monde assu...assure que papa a fait une fière machine !

FACTOTUM.

Taisez-vous, Monsieur, ce n'est pas mon meilleur ouvrage.

SCÈNE IV.

LES MÊMES; LOUISE, *Française.*

BENJAMIN.

TENEZ, papa..., voilà Louise.

FACTOTUM.

Comme elle est déjà parée !

LOUISE.

Il le faut bien.

AIR : *Vaudeville de Musard.*

D'une princesse aimable et belle,
Je n'ai pas les secrets heureux;
La nature a tout fait pour elle,
Et l'art ne fera jamais mieux.
Comme ce présent peu vulgaire,
Pour elle seule est réservé ;
En me parant un peu pour plaire,
Je cherche ce qu'elle a trouvé.

FACTOTUM.

Ah ça, Mademoiselle, est-il bien certain que vous vous appelez Louise?

LOUISE.

Oui, Monsieur.

FACTOTUM.

C'est que ce nom-là est assez beau pour qu'on veuille l'emprunter; mais il faut de l'exactitude.

LOUISE.

Vous verrez mon acte de naissance.

FACTOTUM.

Et vous avez des talens?

LOUISE.

Quand on en parle, c'est qu'on n'en a pas.

BENJAMIN.

Hein?...Co...comment trouvez-vous cela?

FACTOTUM.

Bien, très-bien!

BENJAMIN.

Vous aurez le prix ; et je ne réclame de vous qu'un sou... souvenir.

LOUISE.

Vous n'êtes pas de ces gens qu'on oublie.

BENJAMIN.

Vous pouvez demander ce que vous voudrez.

LOUISE.

C'est aussi ce que je ferai.

BENJAMIN.

AIR : *Servantes, quittez vos paniers.*

Vous userez, grâce au talent,
D'une liberté grande ;
Il n'est rien, très-certainement,
Qu'ici l'on vous défende :
Plaire est mon desir le plus doux ;
Vous connaissez très-bien mes goûts :
Dites, me demanderez-vous !

LOUISE.

Est-c' que ça se demande !

BENJAMIN.

Me voilà ma. . . marié.

LOUISE.

Ce que je demanderai aura l'approbation générale.

BENJAMIN.

A moins de me nom. . . nommer, on ne peut pas en dire plus.

FACTOTUM.

Et l'on dit que vous avez fait un ouvrage?.,.

LOUISE.

Une faible copie d'un modèle tout-à-la-fois noble, bienfaisant, généreux...

SCÈNE V.

LES MÊMES, M. DE VALMONT.

M. DE VALMONT.

VOYONS donc le portrait de notre Souveraine?

BENJAMIN.

Tiens ! co...co..comme il a deviné ça !

M. DE VALMONT.

C'est votre faute.

AIR *de M. Elleviou.*

Vous avez parlé de noblesse,
D'indulgence, d'aménité,
De talens, de délicatesse,
De bienfaisance, de bonté,
De grâce aimable et naturelle,
Du doux secret de tout charmer;
Pour chacun, excepté pour elle,
La peindre ainsi, c'est la nommer.

FACTOTUM.

Je ne m'y serais pas trompé non plus.

BENJAMIN.

Ni, ni, ni, ni, ni moi non plus.

M. DE VALMONT.

Je voudrais aussi l'examiner.

BENJAMIN.

Oh ! le portrait est à peindre.

LOUISE.

Bien obligé, Monsieur.

M. DE VALMONT.

Permettez-vous ?

LOUISE.

A condition que vous me recommanderez au juge.

FACTOTUM.

AIR : *Du Secret.*

Vous en serez content, je gage;
Tous ses efforts ont réussi :
J'en conviens, j'aime cet ouvrage.

BENJAMIN.

Moi, j'en conviens, je l'aime aussi.

M. DE VALMONT.

Il suffit, cet accord extrême
Devient un hommage au talent;
En voyant ce portrait, on l'aime;
C'est prouver qu'il est ressemblant.

LOUISE.

Puisque tout le monde le dit, je finirai par le croire; mais alors, c'est donc mon cœur qui m'a inspirée.

FACTOTUM.

C'est toujours là ce qui inspire; et moi qui m'en mêle aussi, si mes occupations me le permettaient...

AIR : *Je vous comprendrai toujours bien.*

Dans un seul tableau, je voudrais
Des Rois retracer le plus juste,
Partageant l'amour des Français
Avec une compagne auguste :
Un peuple heureux les bénirait.

M. DE VALMONT.

Mais dans ce tableau des plus vastes,
Un défaut se remarquerait.

FACTOTUM.

Lequel?

M. DE VALMONT.

On n'y verrait pas *(ter)* de contrastes.

BENJAMIN.

C'est vrai ; tout. . . tout se ressemblerait.

M. DE VALMONT.

Vous avez de grandes vues, mon cher Factotum ; mais sans porter les siennes si haut, Mademoiselle a un titre bien fort à opposer à ses rivales.

FACTOTUM.

Il paraît, Monsieur, qu'il ne s'en présentera point.

LOUISE.

Je ne m'en plaindrai pas.

M. DE VALMONT.

Vous êtes trop modeste. . . ; mais, en attendant l'heure de la fête, voulez-vous, Mademoiselle, donner un coup-d'œil à mes jardins? mon intendant vous accompagnera.

FACTOTUM.

Je m'en ferai un vrai plaisir, malgré l'importance de mes travaux.

BENJAMIN.

Si, Monsieur le per. . . le permet, j'aurai aussi cet honneur.

M. DE VALMONT.

Très-volontiers.

AIR : *Du Bouffe.*

Dans ce séjour champêtre,
Égayez vos loisirs;
Un pareil jour doit être
Un cercle de plaisirs.

TOUS.

Dans ce séjour..... &c.

M. DE VALMONT.

Ce site joint la grâce
Avec la majesté.

LOUISE.

A l'objet qu'il retrace
Il a tout emprunté.

TOUS.

Dans ce séjour..... &c.

(Ils sortent.)

SCÈNE VI.

M. DE VALMONT *seul.*

CETTE jeune personne est intéressante ; et je m'applaudis doublement de l'idée qui m'est venue pour célébrer la fête de LOUISE...La meilleure manière, n'était-ce pas de l'imiter !

AIR : *En amour comme en amitié* (de Darondo).

Éloignant d'un destin cruel
La rigueur, hélas! trop commune,
Dans un asyle maternel,
Louise va chez nous soulager l'infortune ;
Elle donne, par son seul nom,
Des leçons d'amour pour l'enfance ;
Et va bientôt, c'est l'espoir de la France,
Joindre l'exemple à la leçon.

A Cythère, il est un jardin
Où l'amour va de tige en tige ;
Cet enfant, maître du destin,
Vient de nous enchanter par le plus doux prodige :

D'une fleur auprès d'un laurier,
Admirez la métamorphose;
Souffle d'amour vint animer la rose,
Et la rose devint rosier.

Allons retrouver Mme de Valmont, et lui annoncer qu'il ne se trouve qu'une prétendante.

SCÈNE VII.

M. DE VALMONT; LUIGIA, *Italienne.*

LUIGIA.

UN momento, signor, daignez m'ascoltar un poco.

M. DE VALMONT.

Mademoiselle est italienne?

LUIGIA.

Sì, signore, fille d'un artiste de Milano, qui voyage dans la Francia; je me nomme Luigia : je possède un peu la musica, vous voyez que je peux me mettre aussi sur les rangs?

M. DE VALMONT.

La musique?. . . oui, c'est encore un des beaux-arts que cultive LOUISE.

AIR *de Paer, à deux voix.*

De { votre / notre } mélodie
Reconnaissant les droits,

La

La France à l'Italie
Céda plus d'une fois;
Mais, grâce à l'influence
De certain nom charmant,
L'Italie et la France
N'ont plus qu'un même chant.

SCÈNE VIII.

LES MÊMES; LOUISA, *Allemande.*

M. DE VALMONT.

Encore une Louise !

LOUISA.

Vous ne vous trompez pas.

LUIGIA.

Io tremo veramente.

M. DE VALMONT.

Est-ce en musique ou en peinture que vous voulez le disputer ?

LOUISA.

D'abord je m'exerce dans ces deux arts.

M. DE VALMONT.

Je le sais.

LOUISA.

Mais j'ai mieux qu'un talent; j'ai un privilége.

M. DE VALMONT.

Ah! ah! et lequel?

LOUISE.

AIR: *Ce mouchoir belle Raymonde.*

Vous devez très-bien connaître
L'objet de tout mon amour;
Dans le lieu qui la vit naître,
Je reçus aussi le jour.

Ainsi donc....

Gardez le prix qu'on propose
Pour ce pays fortuné;
C'est lui donner peu de chose
Pour ce qu'il vous a donné.

M. DE VALMONT.

Je sais que vous êtes Allemande; c'est déjà un titre.

LUIGIA.

Oh! poveretta me!

M. DE VALMONT.

Mais vous en avez d'autres dont vous ne parlez pas : un caractère charmant, des talens acquis et toutes les vertus de famille !

LOUISA.

Vous me flattez.

M. DE VALMONT.

Non, car je ne vous cache pas que voici une rivale ; j'en aperçois une autre : je vais me concerter avec M.me de Valmont ; c'est elle qui doit prononcer.

LUIGIA.

Ne vous faites pas trop attendre!

M. DE VALMONT.

Je conçois votre impatience; cependant....

AIR *de Doche.*

Point de débats entre vous trois;
Car cette Junon qu'on renomme,
Par son trop d'orgueil autrefois,
Vous le savez, perdit la pomme :

Calmez donc vos cœurs inquiets;
Et que lorsqu'on cherche à lui plaire,
Celle à qui nous devons la paix,
N'allume pas ici la guerre.

(Il sort.)

SCÈNE IX.

LUIGIA, LOUISA, *ensuite* LOUISE.

LOUISA.

J'AI pourtant bien envie d'avoir le prix.

LUIGIA.

Et moi de même.

LOUISE *entrant.*

J'ai laissé M. Benjamin au milieu d'une phrase, et.... Mais, qu'est-ce que je vois donc?.....

LOUISA.

Deux rivales : mademoiselle arrive d'Italie et moi d'Allemagne pour vous disputer la couronne.

LOUISE.

En vérité?

LUIGIA.

En vérité.

LOUISE.

C'est bien mal à vous, mesdemoiselles.

AIR : *Ah! voilà la vie.*

Pour causer ma peine,
Faut-il qu'à tout prix,
Une Italienne
Quitte son pays!
Et faut-il qu'on vienne
De Vienne *(bis.)*,
Qu'on vienne
De Vienne,
Pour m'enlever le prix.

LUIGIA.

C'est bien malheureux, mais nous resterons.

LOUISA.

Nous ne pouvons pas partir exprès pour vous obliger.

LOUISE.

Ce qui me console un peu, c'est la mine que fera M. Benjamin, quand il va savoir ça.

LOUISA.

Qu'est-ce que c'est que M. Benjamin?

SCÈNE X.

LES MÊMES, BENJAMIN *en grande toilette.*

BENJAMIN.

C'EST l'homme le plus fort.... le plus fortuné qui.... qui....

LUIGIA.

O che figura!

BENJAMIN.

Hein?

LOUISA.

Mein Gott!

BENJAMIN.

Mein Gott! ah ça! est-ce qu'on pa... parle hé... hébreu ici?

LOUISE.

Moi, monsieur, je vous dirai, en bon français, que voilà vos espérances bien aventurées.

BENJAMIN.

Bien avent....bien aventurées!

LOUISE.

LOUISE.

Oui, j'ai l'honneur de vous présenter la signorina et mademoiselle qui viennent d'Italie et d'Allemagne.

BENJAMIN.

Comment d'A. . . d'Allemagne ?

LOUISA.

Oui, M. Benjamin, pour nous mettre aussi sur les rangs.

BENJAMIN.

Ah ! mon Dieu ! et mon ma. . . mariage avec Louise.

LOUISE.

Vous le voyez, à quelque chose malheur est bon.

BENJAMIN.

N'im. . . n'importe. . . j'ai en. . . j'ai en. . . j'ai encore des es. . . des espérances.

AIR : *J'ai vu par-tout dans mes voyages.*

C'est celle qui sera choisie
Qui peut choisir dans mille objets ;
Si c'est moi qui lui fais envie,
A ses desirs je me soumets :

Fût-elle pauvre, point d'obstacles,
De ma main, moi, je l'enrichis;
Et comme les autres spectacles,
Je veux bien me donner gratis.

LOUISE.

Bien obligé, monsieur Benjamin.

LOUISA.

Qu'il est aimable! il donne plus qu'on ne lui demande.

LUIGIA.

Vi ringrazio, signor Benjamino.

BENJAMIN.

C'est à qui m'au... à qui m'aura...; mais je vois tous nos habi... tous nos habitans pour la cérémonie.

SCÈNE XI.

LES MÊMES, FACTOTUM, VILLAGEOIS, VILLAGEOISES.

FACTOTUM ET CHŒUR.

AIR : *Chœur d'Alexis et Justine.*

VOICI l'instant où de notre tendresse,
Nous devons tous faire éclater l'ivresse;
A nos accens
Qu'en ces momens,
Tout cœur Français réponde;
Qu'un nom chéri
Soit à l'envi
Chanté par tout le monde.

Voici l'instant où de notre tendresse
Nous devons tous faire éclater l'ivresse ;
Du même amour,
En ce beau jour,
Toute la France éprise,
N'a qu'un desir,
N'a qu'un plaisir,
C'est de fêter LOUISE.
Vive à jamais
Ce nom cher aux Français !

FACTOTUM.

Allons, mesdemoiselles, M.me de Valmont va paraître; faites valoir devant elle vos droits de votre mieux. *(Bas à Benjamin)* J'étais sûr que tu me ferais faire une sottise; tu vois bien qu'en voilà trois.

BENJAMIN *(bas à Factotum.)*

Ra. . . rassurez-vous; j'ai du sang froid dans l'o. . . . dans l'occasion.

SCÈNE XII.

LES MÊMES, M. ET M.me DE VALMONT.

M. DE VALMONT.

VENEZ, madame, venez juger vous-même nos prétendantes.

M.me DE VALMONT.

Le choix est aussi pénible que flatteur; ce sont trois Louises; comment me décider à en affliger une seule ?

M. DE VALMONT.

Dans votre bouche, Madame, l'arrêt perdra la moitié de sa rigueur. *(Il la fait asseoir.)* Allons, mesdemoiselles, le tribunal est installé; parlez chacune à votre tour.

FACTOTUM.

Comme huissier du tribunal, je donne la parole à mademoiselle Louise.

BENJAMIN.

Oui..., pa... pa... parlez la première.

LOUISE.

AIR : *Eh! ma mère, est-ce que j' sais ça.*

Pour que je sois plus tranquille,
Sur ce portrait, sans retard,
Prononcez ; c'est bien facile :
L'amour y fit plus que l'art.
Pour parler de mon ouvrage,
Tout Français est connaisseur;
On peut juger d'une image
Qu'on a toujours dans le cœur.

M.me DE VALMONT.

Oh ! oui, d'après cela, j'ai le droit de prononcer.

M. DE VALMONT.

Et je puis donner mon avis.

FACTOTUM.

Avancez, signora Luigia.

BENJAMIN.

Si. . . si. . . silence.

LUIGIA.

Je vais vous exprimer les sentimens de ma patrie.

AIR *italien de M. Paer.*

Ah della Senna al pari,
Lieta l' Italia sia;
Vegga la patria mia
Colei che ha tempj e altari
In mezzo ad ogni cuor.
Sarà ben grande il dono,
Ma non d'Italia indegno;
Che grandi ancora sono
Di quel felice regno
I pregi ed i tesor.
Dell' arti il lauro
Colà fiorisce;
L' aura che spirasi
L' alme rapisce :
D' ogni passo
S' in contra un sasso
Che antiche glorie
Fa rammentar.
Ah venga! sia
L' Italia mia
Da questa stella
Resa più bella!

Che in ogni petto,
Misto à rispetto
L' amor più tenero
Vedrà regnar.

M. DE VALMONT *à sa femme.*

Vous l'avez bien comprise, sans doute?

Mme DE VALMONT.

Tous les cœurs ont le même accent.

FACTOTUM.

A vous, jeune étrangère.

BENJAMIN.

Écoutons, Mademoiselle l'A... l'A... l'Allemande.

LOUISA.

Air allemand.

Ein Herz voll Treu und Redlichkeit (1)
Ist Deutscher Mädchen Zier.
Wer heut von fern and Dich gedenkt *(bis)*
Luise! Luise!
Der sehnt sich heiss nach Dir.

---

(1) Ces vers sont de M. Pillat, secrétaire interprète de S. Exc. M. le Comte de Metternich.

M. DE VALMONT.

M. DE VALMONT.

Que prononce le tribunal?

M.me DE VALMONT.

Le tribunal est embarrassé.

BENJAMIN.

Laquelle va être mon épouse?

M.me DE VALMONT.

Cependant, voici son jugement. Considérant que, pour entrer dans les vues de celle que l'on fête, trois bonnes actions valent mieux qu'une, nous offrons une dot à chacune de ces demoiselles.

M. DE VALMONT.

C'est juger à merveille.

BENJAMIN.

Ah ! quelle bon... bon... quelle bonté ! Mais pour que je ne sois pas lai... laissé de côté, madame va me do... do... donner par-dessus le mar... marché à l'u.. à l'une des trois.

M.me DE VALMONT.

Voyez, mesdemoiselles, consentez-vous ?

M. DE VALMONT.

Quelle sera l'heureuse personne ?

LOUISE *à Benjamin.*

Monsieur, je ne veux pas vous enlever à mes rivales.

BENJAMIN.

Reste à. . . reste à deux.

LUIGIA.

Signor, la riverisco, é troppo per sposar Io.

LOUISA.

Ich tanck ihnen, mein herr.

BENJAMIN *à Factotum.*

Mein herr !. . . pa. . . pa. . . papa, qu'est-ce. . . . qu'est-ce que ça veut dire ?

FACTOTUM *bas à Benjamin.*

Qu'on ne veut pas de toi.

BENJAMIN.

C'est é.... c'est égal; elles ne m'ont pas refusé en fran..... en français; ça me fait beau.... beau.... beaucoup moins de tort.

SCÈNE XIII ET DERNIÈRE.

LES MÊMES, UN VILLAGEOIS.

LE VILLAGEOIS.

MONSIEUR, la jeunesse du village demande la permission de danser dans votre jardin.

M. DE VALMONT.

Bien volontiers ; ce n'est pas aujourd'hui qu'on peut refuser.

(Ici on exécute un divertissement.)

M. DE VALMONT.

Que ne pouvons-nous être aussi témoins des hommages qu'on lui adresse en Allemagne !

FACTOTUM.

On peut du moins vous en donner une idée.

M.me DE VALMONT.

Quoi, vous pourriez ?

FACTOTUM.

Vous transporter en Autriche.

(Il fait un signal ; le fond de la galerie s'ouvre ; et derrière un tableau magique , on voit les jardins de Schœnbrunn et le buste de LOUISE *entouré de villageois et autres qui lui rendent hommage.)*

TOUS.

Des Allemands ! des frères !

M. DE VALMONT.

C'est aujourd'hui sur-tout qu'ils le sont par le cœur.

VAUDEVILLE.

FACTOTUM.

AIR : *Tout ça passe.*

Le délire est général
Pour fêter ce jour prospère,
Et l'on croit voir un grand bal
Animer la France entière ;
La bourse des vieilles mères,
Les quadrilles des amans,
Et la cave des grands pères,
Tout ça danse *(ter)* en même temps.

BENJAMIN.

On m'appelle bredouilleur ;
Ce reproche est malhonnête ;
En dépit de maint railleur,
Ma réponse est toute prête :
C'est que dans ce jour de fête,
Pour peindre mes sentimens,
Mon cœur, ma bouche, ma tête,
Tout ça parle *(ter)* en même temps.

LOUISE.

L'un possède la raison,
L'autre la grâce légère ;

Tout réunir est, dit-on,
Chose difficile à faire :
Pourtant j'ai la preuve claire,
Que raison, grâces, talens,
Dans un objet fait pour plaire,
Tout nous charme *(ter)* en même temps.

LOUISA.

Il faut, pour faire un bouquet,
Plus d'une fleur assortie;
Et si le nôtre vous plaît,
Notre espérance est remplie :
Pour vous, aux jeux de Thalie,
Momus, qui joint ses accens,
Terpsicore et Polymnie,
Tout vous chante *(ter)* en même temps.

FIN.

www.ingramcontent.com/pod-product-compliance
Ingram Content Group UK Ltd.
Pitfield, Milton Keynes, MK11 3LW, UK
UKHW021031180726
13838UKWH00004B/1737